Schönes aus dem Garten
mit Liebe verschenkt

Clara Moring &
Hanna Charlotte Erhorn

SCHÖNES aus dem GARTEN

mit Liebe verschenkt

DK

INHALT

Herbst

Winter

tea for you

Anna

VORWORT

Für manche ist er der schönste Ort auf Erden, Entspannung pur, der kleine Urlaub vom Alltag. Andere suchen die Herausforderung, ackern und eggen, um voller Stolz die größten oder schönsten Früchte zu ernten. Wieder andere pflegen Blütenmeere und Schmetterlingsparadiese vom Kaliber eines englischen Gartens. Und so mancher verwandelt einen winzigen Balkon in das reichhaltigste Tomatenbeet der Stadt. Sie alle jedoch eint die Liebe zur kultivierten Natur, zum Garten.

Dass dieser nicht nur Blüten und Früchte, sondern auch jede Menge schöner Geschenkideen bereithält, möchten wir Ihnen mit diesem Buch zeigen. Lassen Sie sich von uns entführen in unseren kreativen Garten. Hier finden wir für fleißige Hände mit grünem Daumen immer etwas zu tun und zaubern Geschenke für jede Gelegenheit. Oft kulinarisch, meist mit starkem jahreszeitlichen Bezug und immer sehr persönlich von uns für unsere Lieben gemacht.

Viel Spaß beim Gärtnern, Ernten und Schenken wünschen Ihnen

Clara A. Moring Hanna Ehrhorn

Clara Moring & Hanna Charlotte Erhorn

GUT VORBEREITET DURCHS GARTENJAHR

Der Garten ist kein Stück wilde Natur, sondern durch und durch gestaltet und gezähmt, auch wenn das im besten Fall nicht so aussieht. Es gibt immer etwas zu tun, aber fast alle Tätigkeiten machen Spaß. Und das Beste daran ist: Es zahlt sich aus. Sie werden immer wieder belohnt und überrascht von den Früchten Ihrer Arbeit. Damit uns der Garten ganzjährig mit Blumen, Obst, Samenkapseln, Zweigen und mehr für schöne Geschenke versorgt, muss man ein wenig vorplanen.

Januar

* Schnee von den Ästen fegen oder schütteln, damit vor allem Obstbaumäste nicht unter der Last brechen.
* Sträucher schneiden.

Februar

* Jetzt ist die beste Zeit, um Pflanzen zu schneiden. Nicht nur Rosen und andere Blühpflanzen müssen verjüngt werden, bevor Triebe ausgebildet werden, auch Hecken und Obstbäume werden gestutzt, bevor der erste Vogel sein Nest baut.
* Salat im Gewächshaus oder unter Glas vorziehen.

März

* Kübelpflanzen umtopfen, die zu lange in altem Substrat stehen oder für den Kübel zu groß geworden sind.
* Feste Erde (vor allem Lehmboden) im Garten mit einer Grabgabel auflockern.

* Hochbeete mit Kompost auffüllen.
* Gemüse auf der Fensterbank vorziehen.
* Beerenobstholz schneiden.
* Fortlaufend nach zarten Blüten zum Trocknen oder Pressen Ausschau halten. Wer weiß heute schon, was man im Winter basteln möchte?

April

* Obst, Gemüse und Sommerblumen im Haus vorziehen, damit sie im nächsten Monat einen schnellen Start hinlegen können.
* Kräuterbeet im Garten vorbereiten.
* Vogelscheuche basteln und aufstellen.

Mai

* Nach den Eisheiligen können draußen die Kübel bepflanzt werden. Auch Tomaten und anderes Gemüse kommen nun an die frische Luft. Nutzpflanzensamen können ganz einfach in die Erde ausgesät werden.
* Kräuter ins Beet pflanzen oder auf den Balkon stellen.
* Vertrocknetes Zwiebelblumenlaub der Frühlingsblüher abschneiden.

Juni

* Nach einem Regenschauer das prächtig gedeihende Unkraut entfernen.
* Kürbisse auf dem Kompost säen.
* Erdbeeren ernten.
* Blüten vom Schnittlauch abschneiden.

Juli

* Alle Pflanzen haben jetzt Durst. In den Abendstunden oder ganz früh am Morgen reichlich wässern.
* Tomaten, Bohnen, Gurken und Zucchini ernten.
* Salat nachsäen.
* Himbeeren ernten und zurückschneiden.
* Erdbeerausläufer abtrennen und umpflanzen.

August

* Das erste reife Kernobst ernten. Äpfel, die gelagert werden sollen, ebenfalls jetzt schon ernten und dunkel, kühl und trocken einlagern.
* Noch mehr Tomaten, Bohnen, Gurken und Zucchini ernten.
* Unkraut jäten.
* Kräuter trocknen.
* Herbstzeitlose und Alpenveilchen setzen.

September

* Blumenzwiebeln setzen.
* Samen sammeln und trocknen. Das Beschriften nicht vergessen!
* Baumobst ernten.
* Kürbisse ernten.

Oktober

* Obst ernten – jetzt haben Äpfel und Birnen Saison.
* Rosen pflanzen.
* Herbstlaub vom Rasen harken und als Mulch auf die Beete geben.
* Winterquartiere für Nützlinge schaffen.
* Letzte Gemüseernte.
* Futterplätze für Vögel und Eichhörnchen einrichten.
* Ein letztes Mal grillen.

November

* Kübel- und Balkonpflanzen ins Winterquartier holen. Die meisten Stauden zurückschneiden. Manche sind auch mit Schneehaube oder Reif sehr schön, zum Beispiel Fetthennen oder Purpurglöckchen.
* Beete abdecken.
* Moos für die Weihnachtsdeko sammeln.
* Garten frostsicher machen.
* Kräuter überwintern.
* Igelquartier bauen.
* Gartengeräte pflegen.

Dezember

* Kohl ernten.
* Zweige, Zapfen und Nüsse sammeln.
* Barbarazweige schneiden.
* Futterplätze kontrollieren, sauber halten und regelmäßig Futter nachlegen.

HALTBAR MACHEN

Früchte schmecken köstlich, vor allem wenn man sie selbst pflückt und die süßen Schätze direkt in den Mund wandern lässt. Damit wir aber von einer reichen Ernte auch in den Wochen und Monaten danach noch etwas haben und sie an unsere Lieben verschenken können, müssen wir sie irgendwie haltbar machen. Wie das geht? Es gibt verschiedene Methoden, die sich jeweils für ganz unterschiedliche Früchte und geschmackliche Vorlieben eignen.

Das Wichtigste: Sauberkeit

Alle Küchenwerkzeuge, Gläser und Töpfe müssen beim Haltbarmachen unbedingt einwandfrei sauber sein. Sonst finden Keime und Sporen viel Nahrung und ruinieren mit der Zeit unsere kostbare Ernte. Schraubdeckel dürfen keine Mängel haben. Bei Weckgläsern müssen auch die Gummiringe sterilisiert werden, zum Beispiel durch Abkochen. Alle Gläser und Deckel müssen zunächst gründlich in der Spülmaschine oder per Hand von alten Speiseresten gereinigt werden, dann werden sie kurz vor dem erneuten Befüllen mit kochendem Wasser sterilisiert. Beim Einfüllen in Gläser oder Flaschen muss man darauf achten, dass die Glasränder vor dem Einlagern ganz sauber sind. Mit einem trockenen, sauberen Lappen oder einem Küchenkrepp Speisetropfen sofort abwischen.

Gläser sterilisieren

Gläser kann man entweder zehn Minuten im Topf mit Wasserdampf sterilisieren oder ganz einfach im Backofen. Dazu die Gläser ausspülen und geöffnet zehn Minuten bei 180 °C »backen«. Im geschlossenen Ofen belassen, bis sie abgekühlt sind. Auf Küchentücher stellen und die Öffnungen mit einem trockenen, sauberen Geschirrtuch abdecken.

Wenige Gläser kann man auch im Spülbecken sterilisieren. Dazu die Gläser oder Flaschen zuerst mit warmem (!) und dann mit kochendem Wasser übergießen und so auf Temperatur bringen. Dann mit kochendem Wasser füllen und 10 Minuten stehen lassen. Anschließend das Wasser ausgießen, die Gläser mit einem sauberen Geschirrtuch abdecken und trocknen lassen.

Einkochen mit Schraubdeckelgläsern
Für Konfitüren eignen sich kleine Gläser am besten, denn sie sind leer gefuttert, bevor etwas schimmeln kann. Bei anderen Gerichten passen wir das Glas den Portionsgrößen an.

Alle Gläser und Deckel gründlich reinigen und sterilisieren. Die kochend heißen Leckereien bis zum Glasrand mit einem Marmeladentrichter in die Twist-off-Gläser füllen, dabei Luftblasen vermeiden. Kurz warten, meist kann man nach einer Minute wieder etwas nachgießen. Dann den Schraubdeckel fest zudrehen.

Die Gläser mit geschlossenem Deckel durchschütteln und abkühlen lassen, bis sich ein Vakuum gebildet hat (nach ungefähr einer Stunde zieht es den Deckel mit einem Ploppen ein wenig nach innen). Die meisten Deckel knacken dadurch, wenn man die Gläser später das erste Mal öffnet. Der Inhalt eines Twist-off-Glases hält so lange, wie das Vakuum intakt ist, also der Deckel beim Öffnen leicht knackt.

Einwecken
Die Weckgläser müssen ebenfalls sehr sorgfältig gereinigt und sterilisiert werden. Die Gummiringe mindestens zwei Minuten in sprudelnd kochendem Essigwasser (etwa ein Schnapsglas Essigessenz ins Wasser geben) auskochen. Dann bis zum Gebrauch in kaltes, klares Wasser legen. Die Klammern sind spülmaschinenfest, also einfach mit ins Heißprogramm geben.

Zwei Klammern pro Glas halten Deckel und Gummiring an Ort und Stelle. Bevor die Klammern entfernt werden, müssen die Gläser und der Inhalt komplett abgekühlt sein, sonst kann sich kein Vakuum bilden und Luft bzw. Keime und Sporen dringen in die Gläser ein. Wir lassen die Klammern eigentlich immer bis zum Verzehr dran. Wenn man den Gummiring zum Öffnen herauszieht, ertönt ein deutliches Zischgeräusch, das das bis dahin intakte Vakuum anzeigt. Geht der Deckel von allein auf, ist der Inhalt höchstwahrscheinlich bereits verdorben. Auf jeden Fall ist hier Vorsicht geboten.

Gemüse einlegen
Ein Tipp für sauer eingelegte Speisen: Für manches Einmachgut verwenden wir eine Einmachhilfe wie »Gurkendoktor«, »Gurkenfest« oder »Gurkenmeister«. Dadurch wird einer Schimmelbildung vorgebeugt.

Kräuter trocknen

Der ideale Zeitpunkt zum Ernten von Kräutern ist kurz vor der jeweiligen Blüte, denn dann entwickeln sie das beste Aroma. Damit die Kräuter im Freiland weiterwachsen können, die Stängel nicht zu knapp über dem Boden abschneiden. Nur knackige, grüne, saftige Blätter und Stängel wählen.

Die Kräuter am frühen Vormittag ernten, wenn Stängel und Blätter gerade vom Morgentau getrocknet sind, und in kleinen Bündeln zusammenbinden. Licht, Wärme und Luft entziehen ihnen Aromen und Wirkstoffe. Daher sollte der Trockenraum möglichst dunkel, luftig und trocken sein. Die Kräuterbündel kopfüber auf hängen. Um nicht zu viele Aromen und Wirkstoffe zu verlieren, die Bündel nur etwa 48 Stunden trocknen lassen. Wenn sie beim Anfassen rascheln, sind die Kräuter trocken genug und können für die Wintermonate in fest verschlossenen Gläsern gelagert werden.

Kräuter wie Basilikum, Schnittlauch, Borretsch, Bärlauch, Pimpinelle, Liebstöckel, Sauerampfer oder Kresse eignen sich nicht gut fürs Trocknen. Diese sollte man lieber einfrieren.

Blüten trocknen

Kleine und zerbrechliche Blüten oder blühende Kräuter werden zusammen mit ihrem Stängel getrocknet. Dazu baut man sich ein kleines Gestell aus Fliegendraht und steckt die Stängel hindurch. Ist es nicht ganz so wichtig, alle Blüten zu erhalten, kann man diese auch auf einem mit Küchenkrepp ausgelegten Brettchen trocknen. Lavendel oder ähnliche Kräuter zu lockeren Bündeln zusammenfassen und kopfüber aufhängen (siehe links). Zum Auffangen von abfallenden Blütenteilen eine Schale mit einer Lage Küchenkrepp darunter aufstellen.

Trocknen im Backofen

Im Frühjahr oder Herbst sollten alle getrockneten Kräuter im Backofen nachtrocknen. Dazu den Backofen auf 40 °C einstellen und die Kräuter 20 Minuten komplett durchtrocknen lassen.

Kräuter können auf diese Weise auch komplett im Ofen getrocknet werden. Bei dem etwa zwei- bis vierstündigen Trockenprozess die Kräuter in regelmäßigen Abständen kontrollieren und gegebenenfalls verschieben oder wenden.

Kräuter einfrieren
Eine sehr einfache Möglichkeit, frische Kräuter für den Winter zu konservieren, ist das Einfrieren. Dazu die Kräuter als ganze Zweige oder schon gezupft und gehackt in einen Gefrierbeutel legen, darin locker und flach verteilen, den Beutel verschließen und das Ganze einfrieren. So kann immer die gewünschte Menge entnommen werden. Gehackte Tiefkühlkräuter müssen vor dem Gebrauch nicht extra aufgetaut werden.

Man kann auch einzelne Kräuterportionen (auch Mischungen) mit ein wenig Wasser in einen Eiswürfelbereiter füllen. Nach dem Gefrieren können die Kräuterwürfel platzsparend in Gefrierbeutel umgefüllt werden. Diese Kräuterwürfel sind perfekt für Suppen. Ganz wichtig: Gefroren und gehackt sehen alle Kräuter sehr ähnlich aus. Daher die Beutel gut beschriften.

Richtig lagern
Generell gilt: Licht tut nicht gut! Daher sollte man konservierte Speisen in gut verschlossenen Gläsern in der dunklen, kühlen Speisekammer oder einem entsprechenden Kellerraum lagern. So bleibt alles bis zu ein Jahr frisch und verliert kaum Farbe oder Aroma. Geöffnete Gläser im Kühlschrank aufbewahren und den Inhalt rasch verzehren.

Kürbis

Viva ♡
la Mamma

FRÜHLING

PFLANZEN
IM BECHER

FRISCHES
BÄRLAUCHPESTO

SETZLINGE
IM PAPPRÖLLCHEN

LECKERES
LÖWENZAHNGELEE

LEUCHTENDE
BLUMENLOLLIS

FLOWER-POWER-
SEEDBOMBS

VIELSEITIGER
RHABARBERSIRUP

PFLANZEN IM BECHER

Bereits im Herbst haben wir uns um Ableger unserer Erdbeerpflanzen gekümmert. Wir haben die Ausläufer in der Nähe der Mutterpflanze abgeschnitten, vorsichtig ausgegraben und in kleine Töpfe gesetzt – nicht zu tief in die Erde, sodass ihr »Herz« aus dem Boden schaute. Im Frühjahr sind die Erdbeerpflänzchen ein tolles Geschenk.

Schwierigkeitsgrad:
Zeit: ca. 10 Minuten

Man braucht:
* Kleine Pflanzen
* Schöne Becher oder Tassen
* Blumenerde
* Vorlage, S. 118
* Schmuckpapier, bedruckt oder bemalt
* Schaufel
* Schere
* Stift
* Heftgerät

1. Zunächst die Pflanzen vorsichtig aus ihrem Topf heben, ohne die Wurzeln zu beschädigen.
2. Die Pflanzen in die Tassen stellen, mit Blumenerde auffüllen und etwas festdrücken.
3. Die Vorlagen von Seite 118 kopieren oder aus Schmuckpapier selbst anfertigen, beschriften, um die Stängel der Pflanze knicken und vorsichtig mit einem Hefter zusammentackern.

Tipp

Falls vorhanden, den Boden der Becher mit Tongranulat belegen – das saugt überschüssiges Wasser auf, sodass die Wurzeln nicht faulen.

let love grow
happy birthday

Viva ♡
la Mamma

FRISCHES **BÄRLAUCHPESTO**

Pesto kennen und lieben alle als würzige Soße zu Nudeln. Im Frühjahr ist der Garten für kurze Zeit voll von Bärlauch. Wir nutzen den Augenblick und produzieren direkt einige Gläser, die wir dann binnen vier Wochen verschenken – eine leckere Alternative zum sonst üblichen Basilikumpesto.

Schwierigkeitsgrad:
Zeit: ca. 30 Minuten

Man braucht:
* 2 Handvoll frische Bärlauchblätter
* 1 EL Pinienkerne
* 50 g Parmesan, gerieben
* Olivenöl
* 1 TL Salz
* ¼ TL Pfeffer
* Kleine Gläser, verschließbar
* Korb
* Papier für Anhänger
* Schneidebrett
* Messer
* Rührbecher
* Stabmixer
* Schere
* Stift

1 Den Bärlauch gründlich waschen und mit einem Messer sehr fein hacken.

2 Mit den Pinienkernen und dem Parmesan in einen hohen Rührbecher geben und mit Olivenöl übergießen. Mit dem Stabmixer alles zu einem schönen Pesto verarbeiten. Bei Bedarf mehr Olivenöl hinzugeben. Mit Salz und Pfeffer abschmecken und noch einmal gut mixen.

3 In sterilisierte, kleine Gläser abfüllen und dicht verschließen.

4 In einem Korb hübsch anrichten und mit Nudeln (selbst gemacht oder gekauft – wir lieben es, im Spezialitätengeschäft einzukaufen und die verrücktesten Sorten auszuwählen, um damit Eindruck zu schinden) und einem Gruß verschenken.

Tipp

Kühl und dunkel gelagert ist das leckere Pesto etwa acht Wochen haltbar. Es schmeckt wunderbar zu Nudeln oder zu einem Stück Fleisch vom Grill.

SETZLINGE
IM PAPPRÖLLCHEN

Jetzt wachsen sie wieder: Erbsen, Bohnen, Kürbisse und Kapuzinerkresse. Wir haben sie gewässert, gehegt und gepflegt, nun sollen sie ihr neues Zuhause im Beet des Beschenkten finden. Sie können komplett mit Pappverpackung eingesetzt werden, diese löst sich mit der Zeit auf und kann problemlos durchwurzelt werden.

Schwierigkeitsgrad:
Zeit: ca. 30 Minuten

Man braucht:
* Papprollen (zum Beispiel von Toilettenpapier oder Küchenkrepp)
* Nassklebendes Papierklebeband
* Selbst gezogene Setzlinge
* Draht
* Blumenerde
* Vorlage, S. 119
* Weißes Papier
* Haushaltsschere
* Schwamm
* Stift
* Zange

Kürbis
garden
to
go

1 Die Papprollen zuschneiden. An einer Öffnung die gegenüberliegenden Seiten zur Mitte zusammendrücken und anschließend die beiden entstandenen Zipfel ebenfalls zur Mitte biegen.

2 Einen Streifen Klebeband zurechtschneiden, mit dem Schwamm befeuchten und die Bodenfalten damit fixieren.

3 Das Klebeband beschriften, damit man immer weiß, was hieraus gedeihen wird.

4 In den Rand der Papprolle mit einer Schere zwei kleine Löcher bohren. Den Draht in etwa 15 bis 20 cm lange Stücke schneiden. Drei Drähte zu einem Strang flechten und als Griff an den Papprollen befestigen.

5 Die Setzlinge mit ein wenig Erde in die Rolle pflanzen.

6 Zum Verschenken aus weißem Papier einen Anhänger nach der Vorlage von Seite 119 anfertigen, »garden to go« daraufschreiben und alles in eine schöne Box geben.

Tipp

Kürbis- und Zucchinipflanzen lassen sich ideal nach den Eisheiligen verschenken. Dafür werden die Pflänzchen Anfang Mai vorgezogen und dann als Setzlinge Ende Mai verschenkt – dann können sie direkt eingepflanzt werden.

Info

Auf die gleiche Art und Weise kann man auch ungekeimte Samen verschenken: Die Samen einfach komplett inklusive Erde in die Papprolle geben und beide Enden verschließen. Der Beschenkte kann das obere Ende öffnen und das Pflänzchen wächst direkt aus der Rolle.

LECKERES LÖWENZAHNGELEE

Vielen gilt der Löwenzahn als Unkraut, wir aber finden ihn sowohl köstlich als auch wunderhübsch. Alle Teile des Löwenzahns sind genießbar. Die Blüten eignen sich hervorragend zur Herstellung eines leckeren Gelees. Als Dekoration setzen wir seiner charakteristischen Blüte mit fröhlichen gelben Pompons ein kleines Denkmal.

Schwierigkeitsgrad: 🪴🪴🪴

Zeit: 30–40 Minuten plus 24 Stunden Ruhezeit, ca. 15 Minuten für den Pompon

Man braucht:

* [illegible]00 Löwenzahnblüten
* [illegible]00 ml Wasser
* Saft von 1 Biozitrone
* [illegible]00 g Gelierzucker (2:1)
* Marmeladengläser
* Sonnengelbe Wollreste
* Grasgrüne Wollreste
* Vorlage, S. 121
* Grünes Tonpapier
* Topf
* Geschirrtuch
* Sieb
* Schere
* Heißkleber

1 Die Blütenblätter vom grünen Teil trennen, das Grüne wird nicht verwendet. Dies ist recht aufwendig und dauert einige Zeit.

2 Die Löwenzahnblüten ungewaschen in einen Topf geben. Die Blüten mit Wasser und Zitronensaft übergießen und aufkochen

3 Vom Herd nehmen und mit einem sauberen Geschirrtuch abgedeckt 24 Stunden ruhen lassen.

4 Durch ein Sieb abgießen. Die Flüssigkeit mit dem Gelierzucker nach Packungsanweisung aufkochen und in sterile Gläser füllen.

5 Den Pompon (siehe rechts) mit Heißkleber am Deckel des Glases befestigen.

6 Aus grünem Tonpapier ein Löwenzahnblatt nach der Vorlage von Seite 121 ausschneiden, das sich auch als Anhänger zum Beschriften eignet.

Tipp

Das Gelee schmeckt sehr gut auf frisch gebuttertem Weißbrot oder zu würzigem Käse.

Pompon herstellen

1 Die gelbe Wolle locker um Zeige- und Mittelfinger wickeln, bis die Lagen 3 bis 4 cm breit und an der dicksten Stelle etwa 2 cm dick sind.

2 Die Finger ein wenig auseinanderziehen und ein etwa 15 cm langes Stück grünes Garn hindurchziehen. Das grüne Garn zwischen den Fingern mehrfach um die gelbe Wolle wickeln und mit einem Doppelknoten fixieren.

3 Die Schlaufen aus gelber Wolle außen aufschneiden.

4 Den Pompon in Form zupfen und überstehende Fäden kürzen.

LEUCHTENDE BLUMENLOLLIS

Die Blumenlollis sind in der Herstellung einfacher, als man es sich vorstellt. Dafür sehen sie ganz entzückend aus! Allerdings ist hier der Einsatz eines Kochthermometers gefragt, damit der Zucker goldgelb wird, ohne anzubrennen. Ein tolles Geschenk für einen Kindergeburtstag oder auch für die großen Zuckerschnuten im Freundeskreis.

Schwierigkeitsgrad:
Zeit: ca. 30 Minuten plus 2 Stunden Trockenzeit

Man braucht:

* Puderzucker
* 400 g Zucker
* 160 ml Wasser
* 15 g Weinstein
* Schaschlikspieße aus Holz oder kleine gerade Stöckchen aus dem Garten (ohne Rinde)
* Butterblumen
* Gänseblümchen
* Backblech
* Trinkglas mit rundem Boden
* Kochtopf
* Kochthermometer
* Glas

1 Um wunderbar runde Lollis zu bekommen, haben wir einen tollen Trick: Ein Backblech dick mit Puderzucker bestreuen und mit der Bodenseite eines Trinkglases runde Vertiefungen in den Puderzucker drücken.

2 In einem Kochtopf Zucker, Wasser und Weinstein verrühren und mithilfe eines Kochthermometers auf 140 °C erhitzen.

3 Nun die Holzstöckchen bis zur Hälfte in die Mulde legen und so viel Zuckermasse in die Vertiefung gießen, dass sie gefüllt ist. Eine Blüte in die Flüssigkeit legen und eine weitere Schicht Zuckermasse auf die Blüte gießen.

4 Mit den übrigen Mulden genauso verfahren. Die Lollis etwa 2 Stunden trocknen und fest werden lassen und dann aus dem Puderzucker nehmen. Mit etwas Wasser abspülen, damit die Blüten besser zu sehen sind, und freistehend, etwa in einem Glas, trocknen lassen.

Tipp

Eine Schleife aus Bäckergarn macht die Lollis zu einem hübschen Geschenk. Die Lollis für einen sicheren Transport am besten in Zellophanfolie wickeln.

FLOWER-POWER-SEEDBOMBS

Mit Seedbombs verschönern Naturliebhaber schon seit den 1940er-Jahren ihre Umwelt – heute nennt man das Guerilla Gardening. In der Stadt fehlt einem manchmal der schöne Blick auf ein paar Farbtupfer. Sie haben schöne Blumen im Garten? Dann verschenken Sie Ihr Grün!

Schwierigkeitsgrad:
Zeit: ca. 45 Minuten plus 1 Nacht zum Quellen und Trockenzeit

Man braucht:

* Papier (am besten eignet sich Maulbeerbaumpapier), mindestens 6 DIN-A3-Bögen
* Wasser
* Transparentpapier zum Einfärben
* Saatgut der schönsten Gartenblumen
* Vorlage, S. 121
* Buntes Tonpapier
* Kochtopf
* Hoher Rührbecher
* Stabmixer
* Schere
* Feines Sieb
* Stift
* Heftgerät

flower power
Anna
take care

1 Das Papier in Streifen und diese dann in kleine Stücke reißen. In einem kleinen Kochtopf mit reichlich Wasser bedecken und aufkochen. Die Mixtur gründlich umrühren und mindestens über Nacht quellen lassen.

2 Portionsweise in den Rührbecher umfüllen und wieder mit frischem Wasser auffüllen. Mit dem Stabmixer zu einem feinen Faserbrei verarbeiten.

3 Das Transparentpapier in kleine Quadrate schneiden und unter den Papierbrei rühren.

4 Nun einzelne Portionen entnehmen und mithilfe des Siebs das Wasser auspressen.

5 Mit den Händen eine Art kleinen Fladen formen und eine Mulde hineindrücken. Einige ausgewählte Samen hineinlegen.

6 Den Papierbrei zu einer festen Kugel formen. Die Kugeln gründlich und an einem gut belüfteten Ort trocknen lassen – die Samen sollen ja noch nicht in der »Bombe« keimen!

7 Nach der Vorlage von Seite 121 aus dem Tonpapier Anhänger anfertigen, beschriften, zusammen mit den Seedbombs schön verpacken und verschenken – oder selbst in der Stadt überall dort verteilen, wo mehr Natur nötig ist.

VIELSEITIGER **RHABARBERSIRUP**

Das perfekte Mitbringsel für die erste Gartenparty! Der leckere Sirup verwandelt Mineralwasser in ein frühlingshaftes Trendgetränk und schmeckt auch fantastisch mit trockenem Sekt. Mit einem Minze- oder Melissenblatt dekorieren – und prost!

Schwierigkeitsgrad:
Zeit: ca. 40 Minuten

Man braucht:

- 500 g Rhabarber
- 500 ml Wasser
- 750 g Zucker
- Saft von 2 Biozitronen
- Flaschen mit Verschluss, 1,5 l Gesamtvolumen
- Weiße runde Aufkleber
- Schneidebrett
- Messer
- Topf
- Feines Küchensieb
- Käseleinen oder Mulltuch
- Schüssel
- Stift

1. Den Rhabarber waschen und in etwa 2 cm große Stücke schneiden. Mit dem Wasser in einem großen Topf aufkochen und 20 bis 30 Minuten sanft köcheln, bis der Rhabarber in Fasern zerfällt.
2. Die Mischung durch ein mit Käseleinen oder Mulltuch ausgelegtes Sieb gießen und gründlich abtropfen lassen.
3. Den Saft zurück in den Topf geben und zusammen mit dem Zucker und dem Zitronensaft zum Kochen bringen. Auf niedriger Stufe 5 Minuten köcheln lassen und dann heiß in sterilisierte Flaschen füllen. Diese zum Abkühlen auf den Kopf stellen.
4. Die Aufkleber nach Belieben beschriften und auf den Flaschen verteilen.

Tipp

Für alle Sirups gilt: Nach dem Öffnen der Flasche im Kühlschrank aufbewahren und zügig aufbrauchen.

2017
R
HA
BAR
BER

Rose

SOMMER

PICKNICK MIT
HOLUNDERBLÜTENLIKÖR

SOMMERLICHER
ERDBEERKETCHUP

HIMBEERESSIG
FÜR BEERENFREUNDE

TRANSPARENTE **BLÜTENSEIFE**

KIRSCHLIKÖR
FÜR ROTE WANGEN

BODY SCRUB MIT ROSENDUFT

WOHLTUENDE
WIESENKRÄUTERBUTTER

BLÜTENKRANZ
FÜR KLEINE PRINZESSINNEN

WÜRZIG-FRUCHTIGER
KRÄUTERHONIG

BLUMIGE **ERINNERUNGEN**

PICKNICK MIT **HOLUNDERBLÜTENLIKÖR**

Gibt es ein schöneres Geschenk, als jemanden mit einem gefüllten Picknickkorb zu überraschen? Hübsch verpackte Lunchbags mit selbst gemachten Leckereien aus dem Garten sehen schier unwiderstehlich aus. Die kleinen Schraubgläser mit Holunderblütenlikör für jeden Gast sorgen für ausgelassene Stimmung.

Schwierigkeitsgrad:
Zeit: ca. 30 Minuten plus 24 Stunden Ruhezeit

Man braucht:
* 35 Holunderblütendolden
* 3 l Wasser
* 50 g Zitronensäure
* 1 kg Zucker
* 3 Flaschen Wodka
* Flasche oder Schraubgläser
* Schüssel
* Sieb
* Käseleinen oder Mulltuch

1 Die Dolden vom Busch scheiden und kurz schütteln, um Insekten zu entfernen, aber nicht waschen.

2 Die Holunderblüten mit Wasser und Zitronensäure ansetzen und 24 Stunden ziehen lassen.

3 Nun alles durch ein mit Käseleinen oder Mulltuch ausgelegtes Sieb filtern. Die gewonnene Flüssigkeit in einer Schüssel mit Zucker und Wodka verrühren und abdecken. Die Mischung ab und zu umrühren.

4 Sobald sich der Zucker komplett gelöst hat, kann der Likör in Flaschen abgefüllt werden. Für den Picknickkorb ein paar Portionen in kleine Schraubgläser füllen, als Deko eine Dolde mit ins Glas geben. So ist jeder gleich mit seinem eigenen »Glas« versorgt und kann noch schlechter Nein sagen.

Tipp

Machen Sie bei Sonnenschein mittags einen Spaziergang durch den Garten, um die Blüten zu pflücken, denn zu der Zeit ist das Aroma am stärksten und die Fruchtstände sind mit Pollen gefüllt. Der Likör ist sofort trinkfertig.

JASPER
MIRI
Picknick

SOMMERLICHER **ERDBEERKETCHUP**

Ketchup? Der wird doch aus Tomaten hergestellt, wird hier vielleicht so mancher anmerken. Wir machen es aber anders und köcheln einen wunderbaren Sommerketchup, der sich, heiß abgefüllt und in einem luftdicht schließenden Gefäß, etwa zwei Monate hält. Ein tolles Mitbringsel zur Grillparty oder für schöne Sommerabende daheim!

Schwierigkeitsgrad:
Zeit: ca. 20 Minuten

Man braucht:

* 1 kg Erdbeeren
* 100 ml Weißweinessig
* 150 g Tomatenmark
* 1 TL abgeriebene Biozitronenschale
* Salz
* Pfeffer
* 500 g Gelierzucker (2:1)
* 4–5 Flaschen mit Bügelverschluss, je 250 ml Volumen
* Vorlage, S. 119
* Kartonrest
* Bäckergarn
* Messer
* Schüssel
* Stabmixer
* Topf
* Schere
* Stift

1. Die Erdbeeren waschen, putzen und pürieren.
2. Das Püree mit Essig, Tomatenmark und Zitronenschale in einen großen Topf geben. Mit Salz und Pfeffer kräftig würzen.
3. Den Gelierzucker einrühren, das Ganze erhitzen und unter ständigem Rühren etwa 3 Minuten sprudelnd kochen.
4. Abschäumen und noch heiß in sterilisierte Flaschen abfüllen.
5. Aus der Pappe nach der Vorlage von Seite 119 einen Anhänger ausschneiden, beschriften und mit Bäckergarn an die Flasche binden.

HIMBEERESSIG
FÜR BEERENFREUNDE

Wir verschenken diesen leckeren Himbeeressig immer gern inklusive der Früchte. Für die reine Flüssigkeit kann man ihn durch ein mit einem Mulltuch ausgelegtes Sieb oder ein Teesieb filtern.

Schwierigkeitsgrad: ●●●
Zeit: ca. 30 Minuten plus 1 Woche Ruhezeit

Man braucht:
- 500 g Himbeeren
- 0,5 l Weißweinessig
- Flaschen mit weiter Öffnung, ca. 1 l Gesamtvolumen
- Vorlage, S. 119
- Weißes Papier
- Garnrest
- Schere
- Stift

1 Die Himbeeren ungewaschen (da ihnen sonst zu viel Flüssigkeit anhaftet) in die Flaschen geben und mit dem Essig auffüllen.

2 Die verschlossenen Flaschen etwa eine Woche lang täglich mehrmals kurz schwenken, um alles ein wenig zu mischen. Mehr ist gar nicht nötig, schon ist der Himbeeressig fertig!

3 Aus dem weißen Papier einen Anhänger nach der Vorlage von Seite 119 ausschneiden, beschriften und mit Garn an die Flasche binden.

Tipp

Der Essig schmeckt genauso lecker mit anderen Früchten wie zum Beispiel Brombeeren oder Johannisbeeren.

TRANSPARENTE **BLÜTENSEIFE**

Die Schönheit von Blüten für die dunkle Jahreszeit zu konservieren ist gar nicht so einfach. Die Seifen sind ein schönes Geschenk, das man im Sommer herstellen und im Winter verschenken kann. Ihr Duft holt in der dunklen Jahreszeit den Sommer ins Bad.

Schwierigkeitsgrad: 🫖🫖🫖

Zeit: ca. 60 Minuten plus Trockenzeit für die Blüten und Zeit zum Aushärten

Man braucht:

- Transparente Rohseife
- Ätherisches Öl, z. B. Lavendel (aus Apotheke oder Bioladen)
- Schöne zarte Blüten aus dem Garten, z. B. Gänseblümchen, Butterblume, Lavendel, Stiefmütterchen
- Weiße Rohseife
- Schönes Papier zum Verpacken, z. B. Seiten aus einem alten Buch
- Blumenpresse oder alte Zeitung
- Schüssel
- Schneidebrett
- Messer
- Holzspieß
- Kleine Joghurtbecher
- Frischhaltefolie

1 Im Garten kleine Blüten sammeln und entweder in einer Blumenpresse oder zwischen Zeitungsseiten in einem Katalog trocknen und pressen (siehe auch S. 64).

2 Ein Stück von der transparenten Rohseife abschneiden und nach Packungsanweisung entweder in der Mikrowelle oder im Wasserbad schmelzen.

3 Einige Tropfen ätherisches Öl zugeben und mit dem Holzspieß vorsichtig verrühren, damit keine Seifenblasen entstehen.

4 Die noch flüssige Seife langsam in die Becher gießen. Die gepressten Blüten auf die Oberfläche legen. Dabei kann man die Position gut mit dem Holzspieß justieren.

5 Die Seife etwa 20 Minuten abkühlen lassen, dann ein weiteres Stück Rohseife schmelzen und vorsichtig auf die Seife gießen.

6 Wenn die Seife etwas gehärtet ist, eine Schicht geschmolzene weiße Rohseife, nach Wunsch mit einem passenden anderen Duft, dazugeben und alles komplett aushärten lassen.

7 Die Seife vorsichtig aus der Form lösen und in Frischhaltefolie wickeln. Zum Verschenken die Seife in schönes Papier, zum Beispiel Seiten eines alten Pflanzenkundebuchs, einschlagen.

Tipp

Die Blüten kann man natürlich auch auf Vorrat trocknen, denn Seifengießen macht im Herbst und Winter ebenso Spaß.

KIRSCHLIKÖR FÜR ROTE WANGEN

Dieser Likör begeistert durch seine tolle Farbe und ist noch dazu superlecker! In kleine Flaschen abgefüllt eignet er sich hervorragend als Gastgeschenk. Eventuell den ungefähren Alkoholgehalt auf dem Klebestreifen notieren, damit der Likör nicht versehentlich als Fruchtsaft an Kinder ausgeschenkt wird.

Schwierigkeitsgrad:
Zeit: ca. 20 Minuten plus 2 Monate Ruhezeit

Man braucht:
* 750 g Sauerkirschen
* Abgeriebene Schale von ½ Bioorange
* 250 g weißer Kandiszucker
* 700 ml Doppelkorn
* Flaschen zum Abfüllen
* Vorlage, S. 122
* Nassklebendes Papierklebeband
* Käseleinen oder Mulltuch
* Feines Küchensieb
* Gefrierbeutel
* Hammer
* Großes Glas mit Schraubdeckel oder Bügelverschluss oder Flasche mit sehr weiter Öffnung, ca. 2 l Volumen
* Bunte Stifte
* Schere
* Stift

1. Die Sauerkirschen vorsichtig waschen und in einem mit Käseleinen oder Mulltuch ausgelegten Sieb abtropfen lassen.
2. 5 Kirschen entsteinen, die Steine in einen Gefrierbeutel füllen und mit einem Hammer zertrümmern.
3. Die Steinsplitter mit den Kirschen, der Orangenschale und dem Kandiszucker in das große Gefäß geben.
4. Den Doppelkorn vorsichtig dazugeben und das Gefäß fest verschließen.
5. Das Ganze nun für 2 Monate an einem dunklen, kühlen Ort ziehen lassen. Dafür eignet sich die Speisekammer oder ein Kellerraum.
6. Das Gemisch wöchentlich behutsam schütteln und die Vorfreude kontinuierlich steigern.
7. Nach 2 Monaten den Likör durch ein feines Sieb gießen, um Splitter und Früchte zu entfernen. In sterilisierte Flaschen füllen.
8. Einzelne Klebebandstreifen beschriften oder mit den Kirschen von Seite 122 bemalen und als Siegel quer über die Deckel kleben.

BODY SCRUB
MIT ROSENDUFT

Die Schönheit der Rose ist viel besungen und auch ihre Symbolkraft ist eine ganz besondere. Das Beste an ihr ist jedoch der unvergleichlich weiche und liebliche Duft. Unser Body Scrub pflegt die Haut auf ganz natürliche Weise und ist daher ein tolles Geschenk für all jene, denen man etwas Gutes tun will.

Schwierigkeitsgrad:
Zeit: ca. 20 Minuten plus Trockenzeit für die Blüten und 1 Woche Ruhezeit

Man braucht:
* Blütenblätter von Duftrosen aus dem eigenen Garten (siehe Info S. 55)
* Grobes Salz, z.B. Himalaja-Salz
* Unparfümiertes Körperöl, z.B. Mandelöl
* Glas mit Schraubdeckel oder Bügelverschluss, 100–200 ml Volumen
* Buntes Klebeband
* Vorlage, S. 119
* Weißes Papier
* Löffel
* Schere
* Stift
* Alleskleber

Rose
Body
scrub

1 Die Rosenblätter sorgfältig trocknen.

2 Das Salz in ein Glasgefäß geben, mit dem Öl auffüllen und vorsichtig umrühren.

3 Je nach gewünschter Intensität und Füllmenge des Glases 1 bis 2 Esslöffel getrocknete Rosenblätter hinzugeben und untermischen, ohne die Blätter zu zerbröseln.

4 Den Deckel schließen und den Body Scrub mindestens 1 Woche ziehen lassen. Das bunte Klebeband als Siegel quer über den Deckel kleben. Aus dem weißen Papier nach der Vorlage von Seite 119 einen Anhänger ausschneiden, beschriften und aufkleben.

Info

Das Geheimnis liegt in der Auswahl der Blätter: In voller Blüte duften die Rosenblätter am stärksten. Man pflückt sie vorzugsweise am Vormittag, wenn der Tau bereits getrocknet ist und die Blüten ihren Duft maximal entfalten. Keinesfalls braune Rosenblätter oder solche mit braunem Rand verwenden. Die Blütenblätter einzeln auf eine durchlässige Unterlage (Trocknungssieb oder Küchenkrepp) legen und an einem trockenen, gut belüfteten, aber windstillen Plätzchen trocknen lassen, bis sie sich wie Seidenpapier anfühlen.

Damit die getrockneten Blütenblätter weder Farbe noch Duft verlieren, am besten in einem etwas luftdurchlässigen Gefäß, zum Beispiel aus Holz, kühl und dunkel lagern. Auch Zellophantüten eignen sich fürs Aufbewahren und Verschenken, allerdings sollten diese nicht dem Sonnenlicht ausgesetzt werden.

Unser Body Scrub reinigt und peelt die Haut. Am besten wirkt es direkt nach dem Duschen auf warmer, noch feuchter Haut. Die Masse mit kreisenden Bewegungen sanft in die Haut einmassieren, danach die Salzpartikel einfach abduschen. Durch die Massage wird die Durchblutung gefördert, das Öl pflegt und nährt die Haut. Hals und Gesicht nicht behandeln, hier ist die Haut zu zart. Knie, Ellbogen, Arme, Beine und Rücken aber sind nach der Massage samtweich.

WOHLTUENDE
WIESENKRÄUTERBUTTER

Das Gute liegt in der Natur so nah! Viele Wild- und Wiesenkräuter muten wie Unkraut an, haben aber zum Teil medizinische Wirkung, sind vielerorts verfügbar und schmecken ziemlich gut. Nach einer kleinen Runde durch den Garten hat man schnell alle grünen Zutaten zusammen.

Schwierigkeitsgrad:
Zeit: ca. 20 Minuten

Man braucht:
- 250 g Butter
- 1 TL grobes Meersalz
- Gemischte Kräuter, z. B. Schnittlauch, Löwenzahn, Sauerampfer, Brunnenkresse, zarte Brennnesselblätter
- Gänseblümchen und Butterblumen zum Dekorieren
- Hübsche Dosen
- Schüssel
- Schneidebrett
- Messer oder Wiegemesser

1. Die Butter auf Zimmertemperatur bringen. Bei Bedarf einige Sekunden in der Mikrowelle erwärmen, aber nicht zerlassen. Das Meersalz in die Butter rühren.
2. Die Kräuter nach Belieben fein oder grob hacken und ebenfalls in die Butter rühren.
3. In kleine Gefäße umfüllen. Erst kurz vor dem Verschenken mit frischen Gänseblümchen- oder Butterblumenblüten garnieren.

Tipp

Die Butter schmeckt super zu gebratenem Fleisch oder Fisch, zu Gemüse oder einfach auf einem warmen Stück Baguette – perfekt für die nächste Grillparty!

BLÜTENKRANZ
FÜR KLEINE PRINZESSINNEN

Blütenkränze sind nicht nur etwas für Bräute und Blumenmädchen. Dieser duftende Kopfschmuck macht aus jedem kleinen Mädchen im Handumdrehen eine Fee, Elfe oder Prinzessin. Auf Kinderhaar im Sonnenschein sieht so ein Kranz, egal mit welchen Blüten, immer sehr romantisch aus.

Schwierigkeitsgrad:
Zeit: ca. 30 Minuten

Man braucht:
* Naturbast (aus dem Bastelladen)
* Seidenband, 2 cm breit
* Frische Blüten aus dem Garten
* Schere

Tipp

Blumen mit biegsamen Stielen lassen sich besser verarbeiten. Besondere Vorsicht ist bei Rosen geboten: Alles Spitze und Scharfe muss sorgfältig entfernt werden.

1 Etwa 20 Baststränge zusammen mit dem Seidenband zu einem sehr lockeren Zopf flechten. Der Zopf soll um den Kopf passen, das Seidenband verschließt den Kranz und muss zum Binden einer Schleife an beiden Enden noch etwa 20 cm überhängen.

2 Die Stiele der Blüten auf 4 bis 5 cm kürzen. An einem Ende des Zopfs beginnen und die Blüte von vorn nach hinten durch den Zopf stecken. Den Stiel ein Stück weiter wieder nach vorn durchstechen und wieder ein Stück weiter erneut nach hinten.

3 Die nächste Blüte eng neben der ersten ansetzen und ebenso einweben. Später verdecken die Blüten die Stiele der Nachbarblumen sowie fast den ganzen Zopf.

4 Die Stielenden auf der Innenseite bündig abschneiden. Die freien Stücke Seidenband am Hinterkopf zur Schleife binden.

Tipp

Den Kranz zum Konservieren in eine Plastiktüte legen, diese verschließen und ins Gemüsefach des Kühlschranks legen.

WÜRZIG-FRUCHTIGER **KRÄUTERHONIG**

Kräuter aus dem eigenen Garten sind vielseitig einsetzbar, sie schmecken zum Beispiel auch ganz wunderbar in Honig. Wir bereiten davon im Sommer gleich einige Gläser zu, wenn die jeweiligen Kräuter gerade am aromatischsten sind, und haben so immer ein ungewöhnliches kleines Geschenk für Freunde zur Hand.

Schwierigkeitsgrad:
Zeit: ca. 15 Minuten

Man braucht:
* 1 Glas flüssigen Blütenhonig
* Kräuter wie Thymian, Rosmarin, Basilikum, etwas Minze, ganze Lavendelblüten und was einem sonst am besten schmeckt
* Kleine Gläser
* Buntes Geschenkband
* Schneidebrett
* Messer oder Wiegemesser

1. Die Kräuter fein hacken und unter den Honig mengen. Die kleinen Gläser auskochen.
2. Den Kräuterhonig in die Gläser abfüllen. Darauf achten, dass die Kräuter mit Honig bedeckt sind.
3. Zum Verschenken ein buntes Geschenkband darumbinden und vielleicht noch ein Blümchen dazwischen stecken.

Tipp

Der Honig schmeckt wunderbar auf einer Scheibe Brot mit Frischkäse oder Quark. Man kann damit auch Fleisch marinieren oder Ziegenfrischkäse überbacken. Kühl und dunkel gelagert hält er sehr lange.

BLUMIGE **ERINNERUNGEN**

Schlummern bei Ihnen auch so viele schöne Fotos in Schubladen, Alben und Kisten? Dafür sind sie doch viel zu schade! Suchen Sie die schönsten aus und verhelfen Sie ihnen zu einem Auftritt mit Stil – ein tolle Erinnerung für Freunde und Familie.

Schwierigkeitsgrad:
Zeit: ca. 15 Minuten plus mindestens 7 Tage Trockenzeit

Man braucht:
* Farbenfrohe Blüten aus dem eigenen Garten
* Erinnerungsstücke, z.B. Fotos, Fahrkarten, Eintrittskarten, Postkarten etc.
* Glasrahmen aus doppeltem Glas
* Transparentes doppelseitiges Klebeband
* Blumenpresse oder Telefonbuch
* Schere

1. Zum Trocknen die Blüten entweder in eine Blumenpresse geben oder zwischen die Seiten eines Telefonbuchs oder dicken Katalogs legen. Wichtig ist, dass sie wirklich gepresst werden, also mit Druck eingeklemmt sind. Nach etwa 7 Tagen sind zarte Blüten trocken, dickere Exemplare etwas länger pressen.

2. Aus den Erinnerungsstücken und den Blüten in den geöffneten Bilderrahmen ein Arrangement legen.

3. Blüten und Fotos auf der Rückseite mit dem doppelseitigen Klebeband fixieren. Dabei muss man sehr vorsichtig sein, um die delikaten Blüten nicht zu beschädigen. Den Bilderrahmen schließen.

Tipp

Manche Blüten verlieren durch Pressen und Lichteinwirkung viel von ihrer schönen Farbe. Dem kann man entgegenwirken, indem man sie mit Haarlack oder Bastellack konserviert.

I love you, pumpkin

HERBST

EINGELEGTE **ZUCCHINI**

GESUNDER **KRÄUTERTEE**

FEURIGES **KÜRBIS-CHUTNEY**

BETONBLÄTTER-**UNTERSETZER**

RUMTOPF FÜR GESELLIGE STUNDEN

SAATTÜTEN ALS KLEINER GARTENGRUSS

DEKORATIVE **KÜRBISSE**

SAMTIG-VANILLIGES **BIRNENMUS**

BIENENHEIM »HOME SWEET HOME«

EINGELEGTE **ZUCCHINI**

Vergangenes Jahr hatten wir eine Zucchinischwemme im Garten. Nur drei kleine Pflänzchen bescherten uns eine Riesenernte. Wir kochten und experimentierten also reichlich mit Zucchini. Daraus ist auch dieses einfache, aber köstliche Zucchinirezept entstanden, mit dem wir schon viele Freunde beglückt haben.

Schwierigkeitsgrad: 🌱🌱🌱
Zeit: ca. 30 Minuten plus Ruhezeit

Man braucht:
* 2 kg Zucchini
* 2 Gemüsezwiebeln
* 2 EL Salz
* 4[illegible]0 ml Weißweinessig
* 2 frische Lorbeerblätter
* 1 EL Senfkörner
* 1 TL Currypulver
* 1 TL frisch geriebener Muskat
* 3[illegible]0 g Zucker
* Klebeetiketten
* Schraubgläser
* Schneidebrett
* Messer
* Schüssel
* Topf
* Stift

1. Die Zucchini waschen und in 3 bis 5 cm lange Stücke schneiden. Die Zwiebeln in Ringe schneiden.

2. Beide Zutaten in ein großes Gefäß füllen und mit 2 Esslöffeln Salz vermengen. 30 Minuten ziehen lassen.

3. Die restlichen Zutaten in einen Topf geben, aufkochen und rühren, bis der Zucker aufgelöst ist. Das Gemüse hinzugeben und 5 Minuten kochen.

4. Heiß in sterilisierte Gläser füllen und diese sofort verschließen. Die Etiketten beschriften und aufkleben.

Tipp

Die eingelegten Zucchini schmecken hervorragend zu Gegrilltem oder allgemein zu kurz gebratenem Fleisch sowie zu Raclette. Schreibt man auf die Etiketten Uhrzeit und Datum, hat man Geschenk und Einladung in einem.

let's
barbecue

GESUNDER **KRÄUTERTEE**

Unsere Gärten beglücken uns nicht nur mit ihrer Schönheit, sie halten zusätzlich sehr viel Gesundes bereit. Aus Kraut und »Unkraut« lassen sich herrliche Gartentees zubereiten, die zum Trinken, aber auch für Kräuteraufgüsse, etwa bei Erkältungen, geeignet sind. Ein tolles Geschenk für regnerische Herbsttage!

Schwierigkeitsgrad:
Zeit: ca. 15 Minuten plus ca. 10 Tage Trockenzeit

Man braucht:
- Kräuter, z. B. Minze, Salbei, Indianernessel, Lavendel, Brombeerblätter, Brennnessel, Schafgarbenblüten, Kamille, Spitzwegerich oder Thymian
- Papierfilter
- Baumwollfaden
- Weißes Papier
- Schere
- Heftgerät
- Stift

1 Die Kräuter sorgfältig waschen, trocken schütteln oder mit Küchenkrepp abtupfen. Mehrere gleiche Kräuter oder eine ausgewogene Mischung zu kleinen Sträußen binden und kopfüber hängend an einem trockenen, gut belüfteten Ort (z. B. auf der Terrasse unter einem Balkon) etwa 10 Tage trocknen lassen.

2 Die getrockneten Kräuter mit den Händen zerbröseln. Die Papierfilter auf eine Höhe von etwa 6 cm ab Boden schneiden und eine Portion Tee (1 bis 2 Esslöffel) einfüllen.

3 Die beiden Ecken der Filter schräg zur Mitte falten, dann die obere Kante nach unten klappen und das Ganze zusammentackern. Dabei jeweils ein etwa 15 cm langes Stück Baumwollgarn mitfassen.

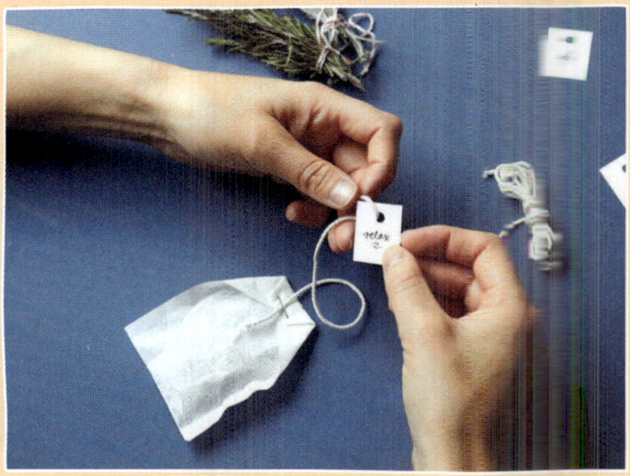

4 Aus weißem Papier kleine Schildchen ausschneiden, mit dem Namen des Tees und anderen Informationen beschriften und am losen Ende des Garns befestigen.

Tipp

Viele Pflanzen bergen Heilkräfte, aber natürlich sollte nicht alles Grüne, das bei uns wächst, verzehrt werden. Bei Unsicherheiten unbedingt einen Experten fragen!

I love you, pumpkin

FEURIGES
KÜRBIS-CHUTNEY

Noch ein letztes Mal mit Freunden grillen, bevor es draußen zu ungemütlich wird! Da darf unser leckeres Kürbis-Chutney auf keinen Fall fehlen. Wahre Gourmets genießen es auch pur zu frischem Brot und Käse. Korrekt eingemacht hält es sich ein Jahr und kann darum auch zu Saisonende für den nächsten Sommer verschenkt werden.

Schwierigkeitsgrad:
Zeit: ca. 30 Minuten plus Kochzeit

Man braucht:
* 1 kg Kürbis, z.B. Hokkaido
* 1 Schalotte
* 2 säuerliche Äpfel
* 1 Knoblauchzehe
* 1 daumengroßes Stück Ingwer
* 5 getrocknete Soft-Aprikosen
* 2 EL Olivenöl
* 400 ml Apfelsaft
* 2 TL Senfkörner
* 1 roter Chili, nach Belieben
* 100 ml Weinessig
* Schraubgläser
* Vorlage, S. 122
* Weißes Papier
* Holzspieße
* Schneidebrett
* Messer
* Topf
* Schere
* Stift
* Alleskleber

1 Den Kürbis falls nötig schälen, entkernen und in kleine Würfel schneiden. Schalotte und Äpfel ebenfalls klein würfeln. Knoblauch, Ingwer und die Aprikosen fein hacken.

2 In einem großen Topf das Öl erhitzen und Kürbis, Schalotte und Äpfel von allen Seiten kurz darin anschwitzen. Knoblauch, Ingwer und Aprikosen dazugeben, alles vermischen und mit dem Apfelsaft ablöschen. Die Senfkörner einrühren.

3 Das Ganze nun so lange sanft köcheln, bis Kürbis und Apfel gar sind. Die Mischung sollte stückig bleiben und nicht zu Brei zerkochen. Nach Belieben den Chili in schmale Ringe schneiden und untermischen. Mit dem Weinessig abschmecken.

4 Das Chutney in hübsche Gläser füllen. Aus Papier Schildchen nach den Vorlagen von Seite 122 zuschneiden. Die Schildchen beschriften, an die Holzspieße kleben und an den Gläsern befestigen.

Tipp

Damit sich das Chutney lange hält, müssen die Gläser supersauber sein. Tipps zum Sterilisieren finden Sie auf Seite 10.

BETONBLÄTTER-
UNTERSETZER

Nicht nur aus farbenfrohen Blüten, sondern auch mit den unscheinbareren grünen Blättern vieler Pflanzen kann man wahre Kunstwerke erstellen. Der Beton bildet ihre einzigartigen Strukturen detailliert ab und konserviert auch die feinsten Muster – ein sehr besonderes Geschenk!

Schwierigkeitsgrad: 3 von 3 Gießkannen-Symbolen

Zeit: ca. 60 Minuten plus Trockenzeit

Man braucht:

* Große Blätter mit deutlich gemaserter Unterseite, z.B. Wirsing
* Schnellzement (aus dem Baumarkt)
* Wasser
* Dessert- und Vorspeisenringe, Ø 7–12 cm
* Gummibecher zum Anmischen
* Backspray
* alter Löffel oder Spatel
* Gummihandschuhe

Tipp

Achtung! Den Behälter zum Anrühren des Zements nicht mehr zur Zubereitung von Lebensmitteln nutzen und bitte Handschuhe tragen.

1 Die Dessertringe von innen mit Backspray einfetten. Die Blätter mit der Unterseite nach oben auf einer festen, ebenen Fläche verteilen und die Dessertringe auflegen. Dabei kann man sich gezielt die schönsten Blattadermuster aussuchen. Damit der Zement nicht am Rand herausläuft, die Ringe fest in die Blätter drücken.

2 In dem Gummibecher ein halbes Glas Wasser mit einem Glas voll Zement anrühren, bis die Masse die Konsistenz eines glatt gerührten Joghurts hat. Da der Zement schnell aushärtet, muss er nun zügig in die Förmchen gefüllt werden. Für unsere Untersetzer soll die Füllung eine Stärke von etwa 1 cm haben.

3 Die Oberfläche sorgfältig glätten und zum Trocknen an einen gut belüfteten Ort legen.

4 Nach dem Trocknen vorsichtig aus den Dessertringen lösen.

Tipp

Zum Schutz können die Untersetzer mit Acryllack angesprüht werden. Mit Farben Ihrer Wahl können Sie so noch zusätzliche Akzente setzen.

RUMTOPF
FÜR GESELLIGE STUNDEN

Der Rumtopf ist ein tolles Mitbringsel für einen netten Abend mit Freunden und hält auch an regnerischen Herbsttagen schön warm. Er schmeckt außerdem vorzüglich zu selbst gemachtem Vanilleeis.

Schwierigkeitsgrad:
Zeit: ca. 20 Minuten plus Ruhezeit

Man braucht:
* Ca. 1 kg Pflaumen
* 1,2 l Rum, mind. 54 Vol.-% Alkohol
* 100 g brauner Zucker
* Einmachgläser
* Vorlage, S. 120
* Schwarzes Papier
* Geschenkband
* Schneidebrett
* Messer
* Weißer Stift

1. Die Pflaumen waschen, in kleine Stücke schneiden und in dem Zucker wenden.
2. Die gezuckerten Pflaumen in das Gefäß geben und mit etwa 1 l Rum auffüllen, bis alle Früchte mindestens 2 cm hoch bedeckt sind.
3. 2 bis 3 Wochen an einem dunklen Ort ziehen lassen, etwas Rum nachgießen und weitere 2 bis 3 Wochen ziehen lassen.
4. In hübsche Einmachgläser abfüllen. Aus dem Papier Anhänger nach der Vorlage von Seite 120 fertigen, beschriften und mit buntem Geschenkband an die Gläser binden.

Tipp

Je nach Größe des Gefäßes braucht man etwas weniger oder mehr Pflaumen für den Rumtopf. Das Gefäß sollte fast komplett mit Pflaumen gefüllt sein.

SAATTÜTEN
ALS KLEINER GARTENGRUSS

Manchmal braucht man kein großes Geschenk, sondern nur eine kleine Aufmerksamkeit. In solchen Fällen schenkt man gerne einen Blumenstrauß. Und wenn das nicht geht? Dann verschenken wir Samen aus unserem eigenen Garten mit den Angaben, was es ist und wie es gesät werden sollte. Die schönen Erinnerungen halten länger als jeder Strauß.

Schwierigkeitsgrad:
Zeit: ca. 20 Minuten

Man braucht:
* 1 Bogen Packpapier pro Tütchen, DIN A6
* Blumensamen aus dem eigenen Garten, z.B. Stockrose, Frauenmantel, Mädchenauge, Königskerze, Akelei, Mohn, Zitronenmelisse
* Vorlage, S. 123
* Schöne Büroklammern
* Klebestift
* Schere
* Stift

Aussaat:
Aussaat:
Cosmea
Aussaat:

1 Die zwei kurzen Kanten des Papiers 1 cm überlappend zur Mitte legen und aufeinanderkleben. Die Seitenkanten glatt streichen.

2 Die untere Öffnung 2 cm nach oben falten und kniffen. Wieder auffalten.

3 Die beiden unteren Ecken entlang des Kniffs zur Mitte falten und kniffen.

4 Die beiden geraden, quer verlaufenden Kanten zueinanderfalten, sodass sie sich 1 cm überlappen.

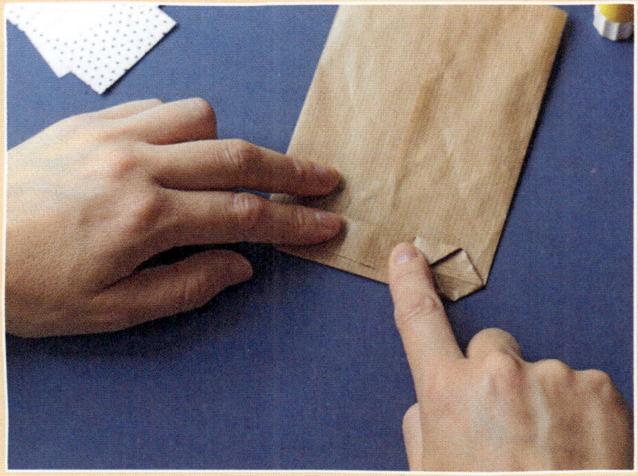

5 Den überlappenden Bereich zusammenkleben. Das ist der Tütenboden. Wer mag, kann die beiden äußeren Kanten nun bis zur Tiefe des Bodens in die entgegengesetzte Richtung (nach innen) kniffen (Talfalte).

6 Die Samen sortenrein oder in klassischen Mischungen in die Tüten füllen.

7 Die Schilder von Seite 123 kopieren, ausschneiden und beschriften. Tütenöffnung und Schild zusammen ein- oder zweimal knapp umfalten. Mit einer Büroklammer verschließen.

Info

Stauden und Sommerblumen verwelken, wenn die Tage kühler werden, und die Pflanzen bilden Samen. Wenn die Samenhüllen oder Kapseln trocken und braun werden, sind sie reif und können an einem sonnigen Vormittag geerntet werden. Feuchte Samen setzen möglicherweise Schimmel an. Öffnen Sie die Samenkapseln und breiten Sie die Samen zum Trocknen auf Zeitungspapier oder Küchenkrepp aus, um die Restfeuchte zu entziehen. Auch eine kleine Schachtel aus unbehandelter Pappe eignet sich gut, um die Samen über den Winter dunkel und trocken zu lagern.

DEKORATIVE **KÜRBISSE**

Viele Gärtner haben einen Kompost, auf dem Kürbisse bekanntlich fabelhaft gedeihen. Neben unserem leckeren Kürbis-Chutney von Seite 74 eignen sich diese netten Herbstgesellen auch für extravagante Dekoideen, die gleichzeitig ein tolles Geschenk sind.

Schwierigkeitsgrad:
Zeit: ca. 60 Minuten plus Trockenzeit

Man braucht:
* Zier- oder Speisekürbisse, z. B. Butternut, Muskatkürbis oder Hokkaido
* Acrylfarbe
* Dekopapier oder dickes Geschenkpapier
* Goldenes Papierklebeband
* Schwamm
* Tuch
* Pinsel
* Serviettenkleber

1. Die Kürbisse mit Seifenwasser und einem Schwamm säubern und gründlich abtrocknen.

2. Für die bemalte Variante den Kürbis komplett einfarbig bemalen. Dazu mehrere Schichten Acrylfarbe auftragen und jede einzelne durchtrocknen lassen.

3. Alternativ den Kürbis mit Dekopapier und Serviettenkleber vollflächig bekleben. Dazu das Papier in Stücke oder Streifen reißen oder schneiden, damit es sich den Rundungen anpasst.

4. Wenn Farbe oder Kleber getrocknet sind, mit dem goldenen Klebeband Muster auf die Kürbisse kleben.

Info

Für Zier- und Speisekürbisse gilt gleichermaßen: Damit sie lange halten, müssen sie langsam getrocknet werden. Das Schimmeln lässt sich hinauszögern, indem man der Frucht langsam die Feuchtigkeit entzieht. Dazu die komplett unversehrten Kürbisse für mindestens acht bis zehn Wochen an einem warmen, trockenen Ort, zum Beispiel im Heizungskeller, lagern. Um Druckstellen zu vermeiden, sollte man die Früchte regelmäßig drehen. Zierkürbisse halten dann ein Jahr oder länger.

SAMTIG-VANILLIGES **BIRNENMUS**

Wenn der Birnbaum gut trägt, kommt man meistens mit der Ernte kaum noch hinterher. Unser Favorit für die Verarbeitung dieses Baumgoldes ist selbst gemachtes Birnenmus, das besonders bei Kindern und anderen Naschkatzen bestimmt nicht lange hält. Und wenn der Nachbar einen Apfelbaum hat, wird fröhlich getauscht!

Schwierigkeitsgrad:
Zeit: ca. 20 Minuten plus Kochzeit

Man braucht:
- 2 kg reife Birnen
- 100 ml Apfelsaft
- 200 g Zucker
- Mark von 1 Vanilleschote
- Schraubgläser
- Vorlage, S. 124
- Buntes Tonpapier
- Sparschäler
- Messer
- Topf
- Stabmixer
- Schere
- Alleskleber

1. Die Birnen schälen, das Kerngehäuse entfernen und das Fruchtfleisch klein schneiden.
2. Die Birnenstücke mit Apfelsaft, Zucker und Vanillemark in einen Topf geben, kurz aufkochen, dann bei geringer Hitze köcheln.
3. Sobald die Birnen weich sind, alles mit einem Stabmixer zu einem sämigen Mus verarbeiten und noch heiß in sterilisierte Gläser füllen. Die Gläser fest verschließen und ruhen lassen, bis sich ein Vakuum gebildet hat (siehe Seite 11).
4. Die Vorlagen von Seite 124 farbig kopieren oder auf buntes Tonpapier übertragen, ausschneiden und die Etiketten auf das Glas kleben.

Tipp

Damit die helle Farbe erhalten bleibt, die Gläser dunkel lagern und nach Belieben etwas Zitronensaft mitkochen.

BIENENHEIM »HOME SWEET HOME«

Sie bekommen neue Nachbarn? Schenken Sie zum Einstand gleich den Grundstock für ein ganzes Nachbarvolk. In unserem Bienenheim überwintern die künftigen Königinnen des Gartens.

Schwierigkeitsgrad:
Zeit: ca. 40 Minuten

Man braucht:
- Leere Konservendosen unterschiedlicher Größe
- Acryl-Sprühfarbe
- Kleine Zweige
- Stroh
- Klebehaken
- Bäckergarn
- Dosenöffner
- Gartenschere
- Evtl. Heißkleber

Tipp

Auch Marienkäfer freuen sich über eine Überwinter- und Brutmöglichkeit. Dazu können die Dosen mit Tannenzapfen gefüllt werden.

HOME
SWEET
HOME

1 Die Dosen von allen scharfen Kanten befreien. Nach Belieben farbig ansprühen.

2 Die Zweige auf die passende Länge zuschneiden und in die Dosen stecken. Sie sollen stabil darin stecken, jedoch auch noch kleine Lücken lassen.

3 In jede Dose auch eine Handvoll Stroh geben. Dorthin können sich die Bienen zurückziehen.

4 An der Rückseite der Dosen Klebehaken befestigen, damit das neue Heim stabil an der Hauswand oder im Baum hängen kann.

Tipp

Auf den Dosen finden auch nette Sprüche oder gute Wünsche Platz. Zum Beschriften eignet sich ein wasserfester Marker. Die neuen Nachbarn werden sich freuen!

5 Mehrere der Dosen mit dem Faden fest zusammenbinden. Wirkt das zu instabil, kann mit Heißkleber nachgeholfen werden. Zum Verschenken mit Blumen und einem hübschen Anhänger dekorieren.

WINTER

VERWÖHNÖL
FÜR DEN KÖRPER

KERZENSTÄNDER
AUS ASTGABEL

MINIATUR-
WINTERLANDSCHAFT

SCHMUCKANHÄNGER
»EICHEL«

BLÄTTER
AUS MODELLIERMASSE

APFEL-AMARETTO-
KONFITÜRE

HERZ
AUS ÄSTEN

VERWÖHNÖL
FÜR DEN KÖRPER

Dieses pflegende Körperöl versorgt uns mit Duft und Pflege in einem. Dabei entscheiden Sie selbst, ob das Öl eher beruhigend oder tonisierend wirken soll. Duft- und Heilkräuter finden wir in unserem Garten und auf naturbelassenen Wiesen. Ein edles Geschenk, das im praktischen Pumpspender den ganzen Winter über frisch bleibt.

Schwierigkeitsgrad:
Zeit: ca. 15 Minuten plus Trocken- und Ruhezeit

Man braucht:
* Getrocknete Duft- und Heilpflanzen aus dem Garten (s. Tipp S. 99)
* Feines, unparfümiertes Öl, z.B. Mandelöl, am besten Bioqualität
* Leere Fläschchen, z.B. Flüssigseifenflaschen mit Pumpspender, kleine Apothekerflaschen mit Korken oder kleine Glasflaschen mit Pumpspender
* Vorlage, S. 125
* Weißes Papier
* Verschließbares Glasgefäß zum Mischen und Schütteln
* Trichter
* Käseleinen oder Mulltuch
* Schere
* Stift
* Alleskleber

BODY OIL
BODY OIL

1 Die Kräuter oder Duftpflanzen sorgfältig trocknen (siehe S. 55 und 72). Dazu die frischen Pflanzen abschneiden und an einem trockenen, gut belüfteten Ort (z. B. im Heizungskeller) entweder zu kleinen Sträußchen gebunden kopfüber aufhängen oder auf einer Zeitung ausbreiten.

2 In dem Glasgefäß das Öl und die Pflanzen mischen. Das Gefäß verschließen und die Mischung 7 bis 10 Tage ruhen lassen.

3 Die Fläschchen gründlich spülen, sterilisieren (siehe S. 10) und trocknen lassen. Käseleinen oder Mulltuch in den Trichter legen, um die Pflanzenfeststoffe herauszufiltern, und das Öl mithilfe des Trichters in die Fläschchen füllen.

4 Fläschchen mit Deckel, Korken oder Pumpdeckel verschließen. Die Vorlage von Seite 125 kopieren oder aus weißem Papier selbst Etiketten anfertigen und aufkleben.

Info

Es eignen sich besonders Lavendel, Katzenpfötchen, Schlehen- und Rosenblütenblätter (ungespritzt!). Kräuter mit intensiven ätherischen Ölen können die Mischung ergänzen. Rosmarin, Salbei oder Johanniskraut duften nicht nur herrlich, sie tragen auch zum Wohlbefinden bei. Anregend und durchblutungsfördernd wirken Salbei- und Lavendelöl, der Duft hält zudem Insekten fern. Eine Einreibung mit Katzenpfötchenöl entspannt die Muskeln. Straffend, wärmend und hautpflegend wirkt Schlehenöl. Rösenöl duftet wunderbar und löst außerdem Krämpfe und pflegt die Haut. Das Aroma von Rosmarin regt den Kreislauf an – perfekt für alle Morgenmuffel!

Tipp

Wenn Sie nicht alle gewünschten Aromen im Garten finden oder die Erntezeit verpasst haben, können Sie einzelne Komponenten auch durch ätherische Öle (Apotheke oder Bioladen) ergänzen: 3 bis 5 Tropfen auf 100 ml Basisöl.

KERZENSTÄNDER
AUS ASTGABEL

Wenn alle Bäume ihre Blätter verloren haben, ist das kein Grund zur Traurigkeit. Denn jetzt haben Zweige und Äste ihren großen Auftritt. Aus ihnen lassen sich wunderbare Geschenke für die Weihnachtszeit zaubern.

Schwierigkeitsgrad: 🌱🌱🌱
Zeit: ca. 40 Minuten

Man braucht:
- Kräftige, knorrige Astgabel oder Wurzel
- Kerzen
- Kleine Obstkiste
- Geschenkband
- Seidenpapier
- Vorlage, S. 119
- Schwarzes Tonpapier
- Wäscheklammer
- Astsäge
- Evtl. Schmirgelpapier
- Akkubohrer und Bohrer, 10–15 mm
- Acrylfarben und Pinsel oder Acryl-Sprühfarbe
- Alleskleber
- Schere
- Stift

Tipp

Eine japanische Zugsäge ist für das Zuschneiden des Asts besonders gut geeignet. Diese Säge ist ein Werkzeug, das einem auch sonst im Garten gute Dienste leistet.

ANNE

1 Den Ast von groben Verunreinigungen säubern und mit der Säge in Form bringen: Der Kerzenständer braucht einen soliden Stand, aber auch genug Platz für die Kerzenlöcher. Gegebenenfalls splittrige Kanten abschmirgeln.

2 Mit dem Bohrer Löcher in der Größe der Kerzen bohren. Diese sollten mindestens 1 cm tief sein, um den Kerzen einen sicheren Stand zu bieten. Dabei schön langsam bohren und auf die zweite Hand achten! Der Ast sollte möglichst nicht mit Klemmen fixiert werden, um die Rinde nicht zu sehr zu beschädigen.

3 Den Kerzenleuchter nach Wunsch farbig verzieren. Dazu entweder mit Pinsel und Farbe arbeiten oder Sprühfarbe verwenden. Gut trocknen lassen und die Kerzen mit etwas heißem Wachs oder mit Wachsklebeplättchen in den Löchern befestigen.

4 Die Obstkiste mit Geschenkband bekleben, mit Seidenpapier auslegen und den Kerzenständer hineingeben. Aus dem schwarzen Tonpapier nach der Vorlage von Seite 119 einen Anhänger fertigen, beschriften und mit einer Wäscheklammer an der Kiste befestigen.

Tipp

Mit vier Löchern ist der Kerzenständer ein schönes Adventsgeschenk. Aber auch eine oder zwei Kerzen bringen weihnachtliche Stimmung ins Haus.

MINIATUR-
WINTERLANDSCHAFT

Der Winter versorgt uns zwar nicht mit wildromantischer Blütenpracht, aber auch diese ruhige Jahreszeit hat durchaus ihre Schönheit. Moose, Zapfen und dekorative Zweige findet man gerade jetzt in Hülle und Fülle, sodass unser Stillleben schnell arrangiert ist. Wer findet in dieser kleinen Winterwelt sein gut verstecktes Geschenk?

Schwierigkeitsgrad:
Zeit: ca. 30 Minuten

Man braucht:
* Großes Einmachglas oder ein größeres Glas aus dem Floristik- oder Aquaristikbereich
* Schöne kleine Zweige mit Moos oder Flechten
* Frisches Moos
* Größeres Stück Rinde
* Zapfen, Eicheln, Kastanien
* Kleines Spielzeug-Waldtier
* Tannenbaum aus dem Modellbau
* Künstlicher Schnee oder Schneespray
* Christbaumkugeln oder kleine winterliche Deko
* Weißes Geschenkband
* Schere

1. Die Waldfundstücke von ihren eventuellen Bewohnern befreien. Diese sind außerhalb des Hauses besser aufgehoben!
2. Von groß nach klein die Dekorationsstücke im Glas drapieren: zuerst Rinden und Moose. Zapfen, Zweige und Tierchen kommen weiter nach oben.
3. Nun das Minigeschenk »verstecken«. Das kann ein Gutschein sein oder kleine, liebevoll verpackte Aufmerksamkeiten, etwa die Blütenseife von Seite 46.
4. Die Christbaumkugeln mit weißem Geschenkband außen an das Glas binden.
5. Zum Schluss lassen Sie es schneien und verwandeln das Glas in ein Miniatur-Wintermärchenland.

SCHMUCKANHÄNGER »EICHEL«

Manch einer kann sich glücklich schätzen und hat in seinem Garten kapitale Bäume stehen. Alle anderen begeben sich im Herbst auf einen Spaziergang in den Wald und sammeln nicht nur Eicheln, sondern auch Kastanien, Zapfen und schöne Blätter. So hat man im Winter immer etwas zum Basteln zur Hand.

Schwierigkeitsgrad: 2 von 3 Gießkannen
Zeit: ca. 60 Minuten

Man braucht:

* Getrocknete Eicheln
* Acrylfarben
* Schmuckringe, silber- oder goldfarben
* Halsketten, silber- oder goldfarben
* Pinsel
* Heißkleber

Tipp

Man kann mit den bemalten Eicheln auch Christbaum oder Adventskranz schmücken. Besonders attraktiv sind die Eicheln der Rot- oder der Sumpfeiche.

1 Die Eicheln mit den Acrylfarben bemalen. Einfarbig, geringelt, gepunktet oder mit Farbverlauf – hier sind der Fantasie keine Grenzen gesetzt. Gut trocknen lassen.

2 Mithilfe des Heißklebers die Ringe anbringen. Die Halsketten durch die Ringe fädeln – fertig ist ein besonders schmuckes Geschenk!

Info

Damit die Eicheln nicht schimmeln und lange hübsch aussehen, müssen sie getrocknet werden, bevor sie anfangen ihre Form zu verlieren. Dazu die Eicheln auf einem mit Backpapier ausgelegten Backrost verteilen und 30 Minuten bei 60 °C im Backofen trocknen. Falls sich dabei die Hütchen lösen, diese mit Heißkleber wieder an den Eicheln befestigen.

BLÄTTER
AUS MODELLIERMASSE

Diese Blätter eignen sich als Weihnachtsbaum-, Strauß- oder Geschenkanhänger. Dies ist übrigens ein schönes Bastelprojekt, um Kinder einzubeziehen. Wenn es ans Schneiden geht, sollten die Erwachsenen allerdings wieder übernehmen. Wer mag, sprüht oder malt die weißen Blätter nach dem Trocknen farbig an.

Schwierigkeitsgrad:
Zeit: ca. 40 Minuten plus Trockenzeit

Man braucht:
* Lufttrocknende Modelliermasse
* Frische Blätter, verschiedene Formen (siehe Tipp)
* Garn, Kordel oder Satinbändchen
* Beschichtetes Brettchen zum Ausrollen und Trocknen
* Kleine Teigrolle
* Scharfes Messer mit Spitze
* Feiner Holzbohrer
* Ggf. Schleifpapier
* Schere

Tipp

Am besten eignen sich Blätter mit dicken Adern und viel Struktur. Probieren Sie Wirsing zum Prägen. Bei der Blattgröße und -kontur können Sie ja mogeln.

1 Die Modelliermasse auf einem Brettchen 3 bis 5 mm dick ausrollen.

2 Ein sauberes Blatt mit der Aderseite nach unten auf den ausgerollten Teig legen und mithilfe der Teigrolle gleichmäßig in die Masse drücken. So werden Struktur und Blattränder auf die Masse übertragen.

3 Mit einem Messer die Form des Blatts (oder eine abweichende Kontur) ausschneiden und das Ganze 24 Stunden trocknen lassen.

4 Nach der Trocknungszeit mit einem feinen Holzbohrer vorsichtig ein Loch in den oberen Teil des Blatts bohren, um das Garn durchzufädeln. Die Kanten können mit Schleifpapier geglättet werden, falls gewünscht.

5 Nun ein Stück hübsches Garn durch das kleine Loch ziehen. Fertig sind die Anhänger in Blätterform! Je mehr Blätter, umso schöner.

Tipp

Zum Ausrollen eignet sich auch eine Silikonbackmatte. Sie darf allerdings nicht bewegt werden, während die Modelliermasse trocknet, da sie weich ist und das Blatt sich beim Transport verformen könnte. Die Modelliermasse gibt es in verschiedenen Farben. Nur Mut!

CHRISTMAS

APFEL-AMARETTO-KONFITÜRE

Für das Weihnachtsfrühstück und als kleines Geschenk für Freunde und Familie ist dieses Erzeugnis aus dem Garten sehr passend. Unsere Weihnachtskonfitüre mit Schuss sorgt für gute Stimmung und hat ein tolles Winteraroma. Sie schmeckt natürlich auch im neuen Jahr noch.

Schwierigkeitsgrad:
Zeit: ca. 40 Minuten

Man braucht:
* 1,2 kg Äpfel
* 100 ml Wasser
* 200 ml Amaretto
* Saft von 1 Zitrone
* 500 g Gelierzucker (3:1)
* Einmachgläser
* Buntes Tape
* Goldener Stift
* Sparschäler
* Messer
* Schneidebrett
* Topf
* Stabmixer

1 Die Äpfel schälen und klein schneiden. In dem Wasser etwa 15 Minuten sehr weich kochen, dann mit einem Stabmixer fein pürieren.

2 Amaretto, Zitronensaft und Gelierzucker einrühren und nach Packungsanweisung sprudelnd kochen.

3 Sofort randvoll in sterilisierte Gläser füllen und diese verschließen.

4 Mit einem goldenen Stift das Glas beschriften oder einen Weihnachtsgruß auf den Deckelrand schreiben. Mit buntem Tape Schneeflocken auf das Glas kleben.

Tipp

Lebensmittel zum Verschenken immer zusätzlich mit einem Etikett und der Info versehen, was drin ist und bis wann es verzehrt werden sollte.

HERZ
AUS ÄSTEN

Ein Herz für den Garten – das haben wir definitiv! Und wir wollen diese Liebe teilen. Wenn die Blumen verwelkt sind und wir im Garten aufräumen, finden wir immer wieder tolle knorrige Zweige, die wir zu diesen schönen Astherzen verarbeiten. So verschenken wir auch in den Wintermonaten Natur für zu Hause.

Schwierigkeitsgrad: 🫖🫖🫖
Zeit: ca. 60 Minuten

Man braucht:
* Stark verzweigte Äste von Obstgehölzen (z.B. Apfel), dürfen gern Moos oder Flechten aufweisen
* Schwarzer oder brauner Blumendraht
* Zeitungspapier
* Filzstift
* Astschere
* Zange

1 Die Zeitung ausfalten, auf dem Boden auslegen und eine große Herzkontur aufmalen. Wer Probleme mit der Symmetrie hat, lässt die Zeitung zunächst gefaltet und malt eine Hälfte auf. Die Zeitung umdrehen und die durchscheinende halbe Kontur durchpausen. Dann die Zeitung auffalten. Das gemalte Herz erleichtert das Arrangieren der Zweige.

2 Die Äste mit der Astschere in handliche Stücke schneiden, dabei die natürliche Form der Verzweigungen berücksichtigen.

3 Mit den Aststücken die Herzkontur füllen. Wenn das Arrangement gut aussieht, den Draht in etwa 20 cm lange Stücke schneiden und die Aststücke damit aneinander befestigen. Diese Verbindungen fallen optisch nicht unangenehm auf, daher gilt hier ausnahmsweise die Devise: Mehr ist mehr.

Tipp

Zum Verschenken das Herz mit einem Schleifenband versehen. In der Weihnachtszeit können auch Glaskugeln oder anderer Schmuck darangehängt werden.

Schilder für **PFLANZEN IM BECHER** Seite 16

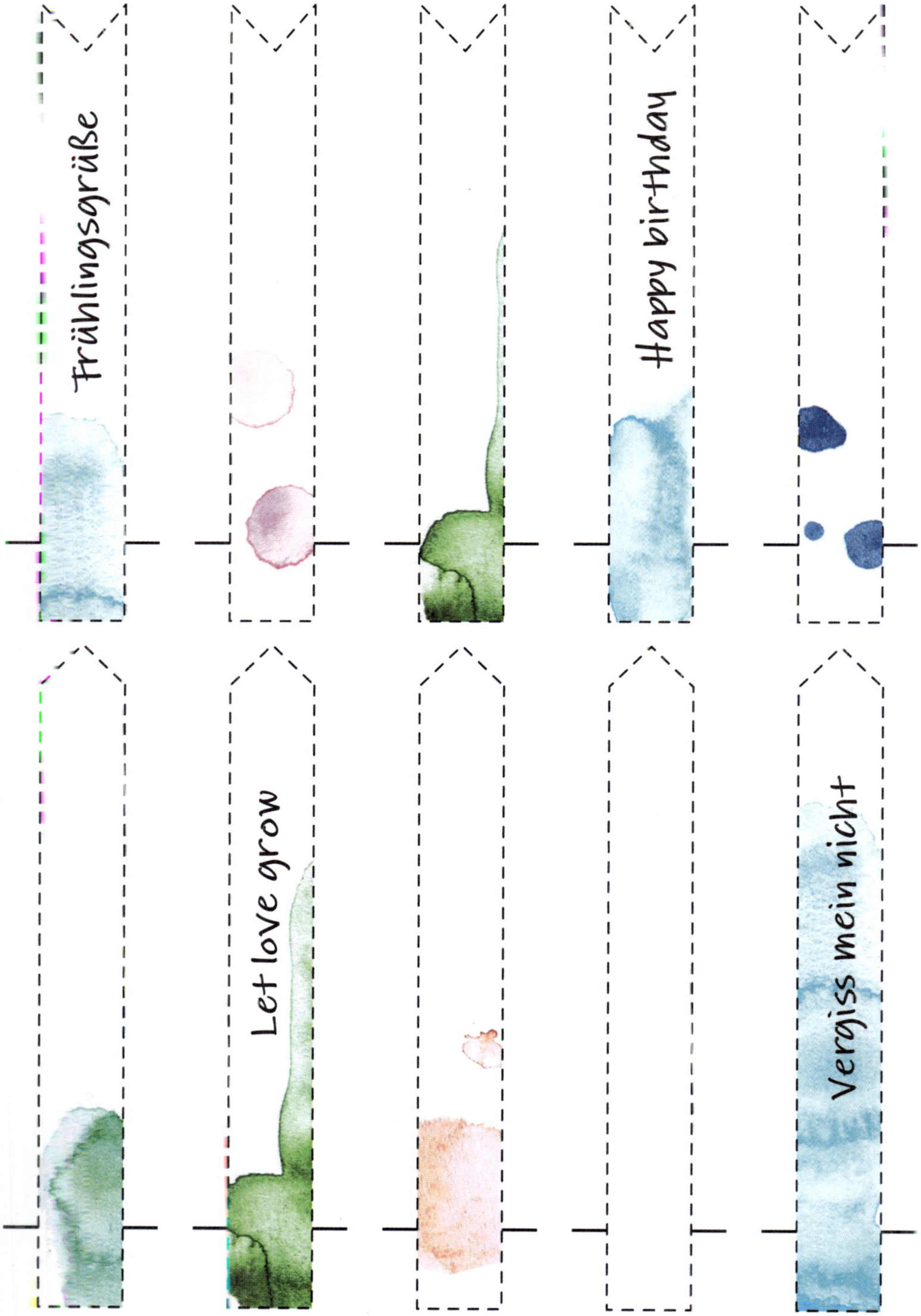

Schilder für **SETZLINGE** Seite 20
ERDBEERKETCHUP Seite 42
HIMBEERESSIG Seite 44
BODY SCRUB Seite 52
KERZENSTÄNDER Seite 100

Schilder für **RUMTOPF** Seite 80

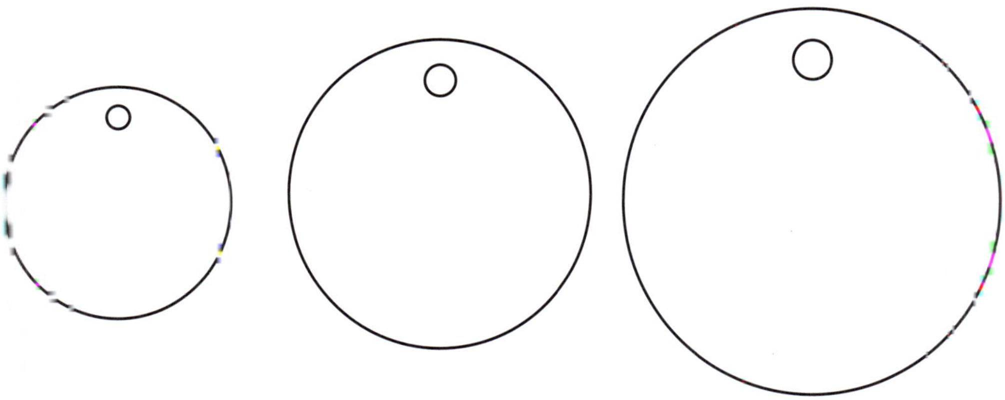

Schilder für **LÖWENZAHNGELEE** Seite 24

Schilder für **SEEDBOMBS** Seite 32

Vorlagen für **KIRSCHLIKÖR** Seite 50

Schilder für **KÜRBIS-CHUTNEY** Seite 74

Schilder für **SAATTÜTEN** Seite 82

Das ist

aus meinem
Garten

Aussaat im

Wichtig ist:

Gutes
Gedeihen!

Aussaat:

Aussaat:

Vorlagen für **BIRNENMUS** Seite 88

Schilder für **VERWÖHNÖL** Seite 96

BEZUGSQUELLEN

Die meisten, aber natürlich nicht alle Materialien für die Projekte in diesem Buch finden Sie in Ihrem Garten. Für alles andere, das Sie sonst noch brauchen, hier ein paar unserer Lieblingsshops, in denen wir gerne stöbern und einkaufen.

Accessoires für den Garten und zum Verpacken
Die Schönhaberei: www.schoenhaberei.de
Granit: de.granit.com
HEMA: www.hemashop.com/de
Rice: www.ricebyrice.com

Bäckergarn
Garn & mehr: www.garn-und-mehr.de

Bastelzubehör
Alles für Selbermacher: www.alles-fuer-selbermacher.de
idee. der Creativmarkt: www.idee-shop.com
Snaply Nähkram: www.snaply.de

Farben und Zubehör
Farrow & Ball: eu.farrow-ball.com

Flaschen mit Korken für Körperöl
Gläser und Flaschen: www.glaeserundflaschen.de

Rohseife
Manske: www.manske-shop.com

Clara

Hanna Charlotte

ÜBER DIE AUTORINNEN

Clara Moring und **Hanna Charlotte Erhorn** sind beide auf ihre eigene Weise Gartenfreunde: Clara liebt das Werkeln auf dem eigenen Acker und genießt die Früchte ihrer Arbeit im eigentlichen Wortsinn. Ob gekocht, gebacken oder eingemacht – bei ihr hält der Garten das ganze Jahr über Kulinarisches bereit. Zuletzt hat die Bloggerin und Stylistin ihr Herz für Bienen entdeckt, sodass ihr Balkon inzwischen zu einem Paradies für die geflügelten Nachbarn geworden ist. Hanna nutzt den Garten lieber für Feste und in der sonstigen Freizeit als Ort der Inspiration und Kontemplation. Als passionierte Profibastlerin findet sie hier immer Material und Anregungen für neue Kreationen. So unterschiedlich beide sind, sie vereint eine große Liebe zu allem, was grünt und blüht. Grund genug, als Duo Gut & Schön ein Selbermachbuch zu dem wunderbaren Thema »Geschenke aus dem Garten« zu verfassen.

Mehr über die Autorinnen auf ihren Websites:
www.tastesheriff.com
www.charlottecharlotte.de
www.gutundschoen-projekte.de

Dank
Vielen Dank an das schöne Gut Stockseehof, wo wir Kirschen pflücken und Himbeeren ernten durften! Wir haben den Tag in der Sonne genossen und die prächtigsten Kirschen und Himbeeren mit nach Hause genommen.

Fotos Clara Moring
Vorlagen Hanna Charlotte Erhorn
Lektorat Anna Gülicher-Loll
Gestaltung, Illustrationen, Typografie, Realisation
Chandima Soysa

Für den DK Verlag
Programmleitung Monika Schlitzer
Redaktionsleitung Caren Hummel
Projektbetreuung Katharina May
Herstellungsleitung Dorothee Whittaker
Herstellungskoordination Katharina Schäfer
Herstellung Sabine Hüttenkofer, Verena Marquart

ISBN 978-3-8310-3161-0

Repro Farbsatz, Neuried/München
Druck und Bindung Leo Paper Products, China

Besuchen Sie uns im Internet
www.dorlingkindersley.de

Hinweis
Die Informationen und Ratschläge in diesem Buch wurden von den Autoren und vom Verlag sorgfältig erwogen und geprüft, dennoch kann eine Garantie nicht übernommen werden. Eine Haftung der Autoren bzw. des Verlags und seiner Beauftragten für Personen-, Sach- und Vermögensschäden ist ausgeschlossen

Grüße aus meinem Garten
Alles Liebe
Aus meinem Garten
Für dich
Garten-grüße
Alles Liebe
Natürlich selbst gemacht

Garten-
grüße

Natürlich
selbst
gemacht

Alles
Liebe

Alles Liebe

Garten-
grüße

Aus meinem
Garten

Alles
Liebe

Für dich